Ideación de vivir
Dándole sentido a la vida
Un nuevo enfoque para educadores y cuidadores

Steven W. Nicholas, Doctor en Educación.

La serie de libros Living Ideation y la formación
Los módulos están dedicados a los que hemos perdido. Todos tenemos la oportunidad de ofrecer nuestro amor y energía a los demás.
La solución es nuestra conexión.

Copyright © 2021 por EmbGro

Todos los derechos reservados. Ninguna parte de este libro puede ser reproducida o utilizada de ninguna manera sin el permiso escrito del propietario de los derechos de autor, excepto para el uso de citas en una reseña del libro.
Este libro es un cuaderno de trabajo y contiene extractos de Living Ideation: Un nuevo enfoque para la prevención e intervención del suicidio (ISBN 978-1-7364889-0-4 (tapa blanda)
ISBN 978-1-7364889-1 (eBook)

Primera edición: Julio 2021

ISBN 978-1-7364889-2-8

www.LivingIdeation.com

Para aquellos que se dedican a servir a nuestra juventud.

Nota del autor

Este libro está escrito para aquellos que interactúan con nuestros jóvenes. Las familias, los cuidadores, los educadores, los entrenadores y los profesionales de la ayuda trabajan con los jóvenes en muchos entornos. Tenemos la oportunidad de comprometernos con nuestros jóvenes de manera que promuevan un crecimiento auténtico.

Las historias y el contenido de este libro pueden evocar pensamientos y reacciones emocionales para el lector. Si usted o su ser querido experimentan angustia suicida, por favor, acuda a un profesional de la salud mental de su zona. La información de contacto para la ayuda telefónica y de texto se encuentra a continuación.

https://suicidepreventionlifeline.org

Línea nacional de prevención del suicidio: 1-800-273-8255 (TALK)

Línea de texto para crisis: envíe HELLO al 741741

Contenido

Introducción a la Ideación de vivir o Living Ideation	p. 3
Direccionalidad y movimiento del suicidio	p. 7
Cambios en la piel y en el alma	p. 9
Teoría de Charlie Brown	p. 11
Ideación de vivir para familias y escuelas	p. 15
Ideación de vivir: Conecta con tu hijo adolescente (o con cualquier persona)	p. 15
Hoja de trabajo "Conéctate con tu hijo".	p. 25
Simplicidad y conexión	p. 33
Planificación de la seguridad con la idea de vivir	p. 39
El espíritu de la planificación de la seguridad	p. 43
Hoja de trabajo del plan de seguridad	p. 47
Manténgase conectado	p. 53
Referencias y lecturas sugeridas	p. 55

INTRODUCCIÓN A LA IDEACIÓN DE VIVIR o LIVING IDEATION

*Los nuevos comienzos suelen ser
disfrazados de finales dolorosos*
- Lao Tzu

Living Ideation es un enfoque filosófico para trabajar con personas que pueden estar sufriendo de ansiedad, depresión, trauma y angustia suicida. Este modelo **es diferente de** los modelos actuales de prevención **del suicidio** que pretenden reducir los variables del riesgo; Living Ideation se centra en cómo hacer crecer la mentalidad de uno y recordar que la vida puede tener conexiones y logros maravillosos. Living Ideation no pretende reemplazar las evaluaciones de riesgo para las personas que sufren de pensamientos suicidas. Esto es un procedimiento para considerar antes de utilizar los modelos comunes de reducción del suicidio.

La mayoría de la gente no quiere hablar del suicidio o de cualquier asunto que considere una enfermedad mental. Estar triste, deprimido, abrumado y confundido son sólo algunas de las situaciones normales que todos vivimos. Estos sentimientos y experiencias forman parte del ser humano, y no significan necesariamente que uno esté buscando acabar con su vida.

El dolor es real. Es inevitable. Si nuestros seres queridos no encuentran la manera de entenderse a sí mismos, su dolor puede convertirse en un gran desafío. Nosotros, como adultos responsables de cuidar a los jóvenes, podemos ayudar. Si aplicamos las sencillas técnicas de la Ideación de Vivir, nuestros hijos nos revelarán que probablemente no se quieren morir. Simplemente, no saben cómo moverse por la vida con su dolor. Podemos ayudar a nuestras familias a entender que la vida también presenta oportunidades increíbles de belleza y crecimiento.

Living Ideation es diferente de la mayoría de las evaluaciones y entrevistas, porque las conversaciones recogen información sobre el estilo de vida, las relaciones y las oportunidades futuras. Las preguntas de Living Ideation se preguntan sobre el

CONSEJO DE CONEXIÓN

Cuéntele a sus hijos al menos tres historias sobre usted que no conocen.

futuro a corto plazo y tratan de construir nuevos comienzos. Las conversaciones de Living Ideation ayudan a las personas a buscar un sentido, y no pretenden sustituir a las evaluaciones sobre el suicidio. Si alguien no puede describir las relaciones positivas y las oportunidades, entonces debe realizarse una evaluación exhaustiva de los riesgos.

Muchos de los que están leyendo esto han interactuado con otros que han tenido pensamientos oscuros. Tal vez hayan contemplado el suicidio. Living Ideation les recuerda que pueden recordar cómo solían vivir; pueden planificar cómo vivir en el futuro, cuando el caos se haya asentado; pueden desempolvar las mentalidades olvidadas y las oportunidades de tener sentido en el presente.

CONSEJO DE CONEXIÓN

Haga uno de los deberes de su ser querido por él antes de que ellos lo hagan. Porque usted tiene la habilidad.

Direccionalidad y movimiento del suicidio

Esto puede sonar extraño, pero una persona que está pensando en el suicidio no está necesariamente tratando de morir. Una persona suicida suele intentar poner fin a sus experiencias dolorosas. La muerte por suicidio es un movimiento de alejamiento del dolor. Vivir y morir tienen dirección y energía. Tome un momento para reconocer la direccionalidad dentro de su propia vida. Si está teniendo una conversación, entonces el movimiento de sus energías se está intercambiando. Tal vez pueda decir que la dirección es hacia adelante y productiva. El movimiento de una persona suicida parece detenerse. Es hacia adentro y destructivo. La dirección de la muerte es un embudo hacia la ausencia.

Imagínese que usted es una persona joven que creyó haber encontrado el amor de su vida, sólo para que la relación se rompiera. El dolor del amor perdido es indescriptible. Imagínese el sentimiento devastador que se produce cuando su amor se va con alguien nuevo. Puede ser tan devastador que no crea que pueda superarlo. "No quiero volver a sentirme así. No puedo soportar este dolor". La dirección de la vida no es hacia fuera ni se centra en nuevos comienzos, sino que el dolor ineludible parece consumirlo todo. Imagínese que pierda la visión de quién es y se pierda dentro de sí mismo.

Living Ideation reconoce que la angustia suicida tiene demonios internos que son difíciles de describir. En el caso de la pérdida de un interés amoroso, es probable que hayas podido sentir profundos niveles de agonía emocional. Fuiste capaz de sentir con gran fuerza. Imagínese que la capacidad de sentir dolor pudiera cambiar de dirección. La capacidad de sentir el dolor resulta ser una capacidad similar de sentir el no-dolor. Si logra sentir el no-dolor, sus opciones se abren de repente y son libres. Si estuviera en este ejemplo, probablemente no estuviera tratando de morir tanto como deseando que ya no le dolería tanto. La mayoría de las personas que tienen una mentalidad suicida no están tratando de causar dolor. No están pensando en si mismo ni en nadie más en tanto que están tratando de no sentir el dolor ineludible en el que se encuentran. El movimiento direccional del dolor puede ser demasiado para soportar, y es muy difícil ver a través de él.

CONSEJO DE CONEXIÓN

Sonríe hacia sus seres queridos y recuérdeles sobre lo que los hace especiales para usted.

Cambios fuperficiales y cambios profundos

Todo cambia. A medida que envejecemos y maduramos, cambiamos. Tenemos la capacidad de convertirnos en una mejor versión de nosotros mismos cada día. Cada momento se presenta como una oportunidad para crecer. A veces nuestro crecimiento es pequeño y temporal, mientras que otras veces nos transformamos. Considera los conceptos de cambios en la piel y cambios en el alma de las personas porque tenemos la capacidad de sentir emociones vivas en distintos grados.

Cuando una persona realiza ligeros cambios en su comportamiento o en su entorno, se trata de un cambio superficial o un cambio en la piel. Esencialmente, la persona ha cambiado un poco su comportamiento, pero no ha cambiado sus opiniones o su mentalidad. Cuando esa persona cambia su perspectiva y su forma de enfocar la vida, está haciendo cambios profundos en el alma. Si considerbamos el fenómeno de la depresión clínica, tomar un medicamento es un enfoque superficial para aliviar la depresión. Los cambios profundos en el alma pueden provenir de un cambio en el estilo de vida y, en última instancia, de un crecimiento de la perspectiva de la vida. Cuando cambiamos nuestras actitudes, acciones y entorno, nos convertimos en una nueva versión de nosotros mismos. Una simple alteración de los comportamientos, no mueve una mentalidad suicida hacia la vida, y de hecho corre el riesgo de empeorar las cosas. Los cambios profundos en el alma pueden ocurrir cuando la mentalidad suicida (pensamientos y sentimientos) se valida y se expande lentamente en un sistema de creencias más amplio. El cambio puede llevar al crecimiento. El crecimiento puede llevar a una nueva vida.

Un ejemplo común de lo que es la piel y el alma con la prevención tradicional del suicidio podría ser así: Si se considera que la persona tiene ideas suicidas constantes, quitemos todas las armas de su casa. ¿Crees que eso cambia su mentalidad? Eso sería un cambio de piel. Por favor, no malinterpretes mis palabras pensando que no apoyo la eliminación de los medios letales de una persona suicida. Por supuesto, debemos hacer que una situación peligrosa sea segura. Las conversaciones de Living Ideation combinan los cambios profundos y ambientales con el potencial crecimiento filosófico profundo del alma. El trabajo en profundidad

CONSEJO DE CONEXIÓN

Reciba a su ser querido en la puerta antes de que entren y dele la bienvenida a casa.

del alma anima a la persona a pensar en lo grande que podría ser la vida. ¿Qué significa morir? ¿Qué podría significar vivir? Las opciones de nuevos pensamientos son infinitas.

Teoría de Charlie Brown

Algunas de las interpretaciones más directas de la mentalidad suicida proceden de un texto de Henry A. Murray de 1938. La edición posterior de Murray, titulada *Explorations in Personality*, sugería que todas las personas tenían necesidades psicológicas específicas. Murray (2008) y Shneidman (1993) describieron los elementos de una mentalidad suicida, y tres de esas necesidades psicológicas me parecieron particularmente deficientes en quienes tenían pensamientos suicidas: La afiliación con los demás, el logro en escenarios significativos y la capacidad de evitar el dolor.

Combiné la investigación de Murray y Shneidman con mis propios estudios y trabajo clínico. Este fue el comienzo de lo que denominé Teoría de Charlie Brown. Hace bastantes años, mientras desayunaba y leía los cómics del domingo, no pude evitar asignar las necesidades básicas de afiliación, de no sentir dolor y de logro a Charlie Brown, el protagonista de la icónica tira cómica *Peanuts* de Charles Schultz.

Schultz fue un maestro a la hora de guiar al joven Charlie Brown a través de las dificultades y experiencias de ser un inadaptado entre sus compañeros. Incluso su perro, Snoopy, se escapaba con frecuencia. Charlie Brown siempre quiso formar parte del grupo (afiliación), pero a menudo le decían que se fuera. Siempre se preparaba para jugar al béisbol o para participar en el concurso de deletreo (logro), pero sus competidores lo destrozaban. El querido Chuck trató de llamar la atención de la linda chica pelirroja y pensó que había elegido un arbolito de Navidad (habilidad para evitar el dolor) perfecto sólo para ser rechazado y burlado.

Si Charles Schultz no volviera a dar a las aventuras un nivel de consuelo y compasión, el lector podría haberse preguntado por la salud mental de Charlie Brown. Muchas de las historietas lo muestran solo. Tenía dolor físico además de un dolor emocional constante. Carecía de afiliación y se burlaban de él constantemente.

CONSEJO DE CONEXIÓN

Envíe un mensaje positivo a su ser querido tres veces durante el día de hoy.

Fue avergonzado y desterrado por sus compañeros con frecuencia. Ni una sola vez pateó el balón de fútbol americano que Lucy Van Pelt le preparó.

Muchos de nosotros podemos identificarnos con los sentimientos de dolor de Charlie Brown cuando dice: "¿Qué me pasa?" "¡Argh!" y "¡Qué pena!" Es una forma difícil de hacer las cosas, ¿verdad? Así que ahora, considere su propia vida y las vidas de las personas con las que nos cruzamos. Nos encontramos a menudo con personas similares a Charlie Brown. Tenemos oportunidades para ser más como Charles Schulz y contrarrestar las luchas con afirmaciones de conexión, logros y alegría.

CONSEJO DE CONEXIÓN

Envíe a su ser querido un
paquete con cariño sin ninguna razón.

IDEACIÓN DE VIVIR PARA FAMILIAS Y ESCUELAS

La ideación de vivir y el cambio filosófico sobre la intervención en el suicidio no son sólo para personas con formación clínica. Todos nosotros sentimos las complejidades de la alegría, la desesperación, el miedo y el amor. Por lo tanto, no hace falta ser un profesional de la salud mental para involucrarse en el acto de equilibrio de la salud mental. Todos somos parientes, seres queridos, amigos y colegas de los demás. Podemos empezar a conectar intencionalmente con los demás en nuestras vidas de forma que se refuerce la salud mental y el equilibrio. Lo ideal sería que los conceptos y enfoques de Ideación de vivir representaran una vuelta a la conexión cultural dentro de nuestros hogares, escuelas, profesiones y comunidades.

Ideación de vivir: Conéctese con su adolescente (o con cualquier persona)

Lo que sigue fue desarrollado para ser usado con adolescentes y adultos jóvenes. Francamente, las preguntas y los temas de conversación son válidos para todos los grupos de edad. Mientras lea, imagínese aplicando los temas a sí mismo. Probablemente encontrará que el material es mucho más atractivo y aceptable que una proyección tradicional sobre el suicidio. Esto se debe a que se trata de una exploración sobre la vida. Una vez más, las conversaciones de Ideación de vivir son para todo el mundo y no sólo para los adolescentes melancólicos que parecen estar pegados a su tecnología.

En 2019, cofacilité un proyecto centrado en un enfoque diferente para minimizar la depresión y el suicidio de los jóvenes. Sorprendimos a muchas personas de la comunidad porque dirigimos los servicios hacia los mentores adultos y no hacia los jóvenes. La atención a los sistemas de la familia y la comunidad es un nuevo enfoque para la prevención e intervención del suicidio. Esperábamos influir en los padres, los profesores y los entrenadores, etc. Los que interactúan con

CONSEJO DE CONEXIÓN

Prepare u hornea un regalo especial para un ser querido.

los jóvenes a considerar el enfoque de la Ideación de vivir.

Las aplicaciones clínicas de Ideación de vivir se perfeccionaron y adaptaron en forma de preguntas atractivas y temas de conversación para que ocurran entre los jóvenes y los adultos asociados. Una tarjeta de bolsillo y un imán para la nevera con los conceptos de Ideación de vivir fueron creados. Los temas de conversación se han organizado de manera que guíen a los adultos hacia conversaciones significativas y conectadas con los demás. Los materiales también describen factores de riesgo comunes a los que hay que prestar atención cuando los esfuerzos de vinculación se estancan.

CONSEJO DE CONEXIÓN

Envíe una tarjeta o una carta con un montón de pegatinas a sus seres queridos.

Living Ideation©

Dándole Sentido a la Vida
Conéctese con su adolecente

Factores de Riesgo
Cuando Pedir Ayuda

Compromiso diario con su adolescente:

¿Puede reponder estas preguntas sobre su adolescente?

- ¿Qué es emocionante para su adolescente?
- ¿En qué es bueno su adolescente?
- ¿De qué está orgulloso su adolescente?
- ¿Qué planes tiene su adolescente para el futuro?

Temas de conversación con adolescentes:

- ¿Qué es algo divertido que has planeado para mañana o los siguientes días?
- ¿De qué te reíste hoy?
- ¿Qué fue interesante en tu día hoy?
- Dígale hoy a su adolescente lo que más ama de él o ella.
- Describa lo que su hijo (a) hizo bien hoy.

Observe os cambios en su adolescente:

- Pérdida de interés en actividades o en divertirse.
- Pérdida de energía o cansancio todo el tiempo
- Sentimientos de baja autoestima, pensando que no pueden hacer nada bien, sintiéndose feo(a) o tonto(a)
- Sentirse confundido(a) o incapaz de pensar con claridad
- Comentarios sobre suicidarse

Busque oportunidades todos los días para conectarse con su adolescente, teniendo en cuenta los temas de conversacion, Dándole Sentido a la Vida. Si ve alguno de los factores de riesgo encontrado arriba, busque más apoyo.

Línea Nacional de Prevencíon Suicido
1·800·273·8255
Text CARE to 839863
recursos deprevencíon y crisis para usted o sus seres queridos

SafeVoice Nevada
1·833·216·SAFE (7233)
envíe informes anónimos sobre la seguridad escolar y el bienestar de los estudiantes
Descargue la aplicacióon SafeVoice Nevada
safevoicenv.org

Living Ideation. copyright 2019 Steven W. Nicholas, Ed.D.

CONSEJO DE CONEXIÓN

Utiliza una tiza de acera y escriba un mensaje reflexivo para su ser querido en frente de su hogar.

Las indicaciones fomentan el compromiso diario con los demás. Observé que la frecuencia es <u>diaria</u>. Esta rutina pretende crear un cambio cultural entre las familias, las escuelas y las organizaciones. Si mantenemos conversaciones de Ideación de vivir, nos estamos conectando constantemente entre nosotros. ¡Nos estamos conectando!

Vuelva a examinar las preguntas en la hoja de ejercico:

- ¿Qué es emocionante para su adolescente?

    Es muy probable que su hijo adolescente se anime de formas diferentes a las suyas. Intente reconocer cómo su hijo se motiva. Estos conceptos son como baterías eternas para su estilo de vida.

    Ejemplos:

    "Se ilumina cada vez que está con sus amigos."

    "Nunca le rinde el tiempo para acampar. Si fuera por el nunca regresaría a casa."

    "A mi hijo le encanta tener tiempo para jugar en línea con sus amigos."

- ¿En qué es bueno su adolescente?

    La autoestima mejora cuando uno tiene la sensación de que es competente en la vida. Cuando los adultos somos capaces de reconocer los talentos de nuestros jóvenes, estamos en la posición de llenar constantemente su copa de valor.

    Ejemplos:

    "Mi hijo es un maestro en su videojuego."

    "Mi hija tiene mejor cruce que cualquier otro niño en la cancha."

    "Mi hijo tiene una energía que parece no tener límites."

- ¿De qué se siente orgulloso su hijo?

    Cuando su sentido del yo tiene plenitud, su identidad probablemente tenga estabilidad. Si nosotros, como cuidadores y mentores, podemos reconocer de qué están orgullosos nuestros adolescentes, estamos en una posición estupenda para reforzar esos rasgos fuertes.

CONSEJO DE CONEXIÓN

Escriba a mano una nota a su ser querido diciéndole cómo lo inspiran.

Ejemplos:

"La colección de cartas de mi hijo es impecable."

"Ella tiene una postal de cada ciudad a la que ha viajado."

"Mi hijo de doce años sabe escribir código de programación."

- ¿Qué cosas positivas anticipa su hijo(a) adolescente en el futuro?

La orientación hacia el futuro es un indicador saludable de que alguien no está estancado en una mentalidad. La esperanza puede traducirse en la orientación de la brújula para el crecimiento futuro y la felicidad.

Ejemplos:

"A mi adolescente transexual le encantan sus grupos en línea. Tiene un sentido de pertenencia".

"Él tiene muchas ganas de salir de la escuela secundaria."

"Ella está deseando poder conducir y conseguir un trabajo."

CONSEJO DE CONEXIÓN

Haga un regalo casero

para su ser querido.

Las preguntas son para el mentor adulto y no para el joven. Esta es la clave. Si usted, como adulto, puede responder las preguntas sobre su hijo(a), es probable que está en sintonía con su hijo(a). Si se detiene y necesita reflexionar, entonces hay que trabajar. No hay problema.

Tómese unos minutos para responder a estas preguntas.

¿Qué es emocionante para su adolescente?

_____

_____

¿En qué es bueno su adolescente?

_____

_____

¿De qué se siente orgulloso su hijo(a)?

_____

_____

¿Qué cosas positivas anticipa su hijo(a) adolescente en el futuro?

_____

_____

CONSEJO DE CONEXIÓN

Encuentre un recuerdo familiar y páselo a un ser querido.

La parte inferior del lado izquierdo de la imagen tiene temas específicos que tienen positividad y orientación hacia el futuro. Cuando las personas describen lo que van a hacer en el futuro, eso es muy diferente a una mentalidad suicida. La orientación hacia el futuro y las descripciones vívidas de la conexión van en contra de la soledad y el aislamiento. Como mentores adultos, queremos que nuestros jóvenes digan sus verdades. Intentemos que describan sus experiencias vividas. Los siguientes temas de conversación están diseñados con eso en mente.

- ¿Qué es lo más divertido que tienes planeado para los próximos días?

  ¡Sé específico! Cuando una persona puede articular los planes detallados de la vida, tiende a enfocar sus energías hacia el evento.

  Ejemplos:

  "Voy a jugar a XYZ en línea con mis amigos."

  "Quiero dormir hasta tarde y luego ver mi programa favorito el sábado."

  "Si puedo terminar los deberes, quiero jugar al baloncesto en la calle."

- ¿De qué te has reído hoy?

  El humor es un simple indicador de satisfacción. Hay una gran cantidad de literatura que describe los beneficios para la salud y la flotabilidad emocional que se derivan de la risa. Desempolva los chistes cursis de papá y dales una vuelta. Estos comentarios pueden ser oportunidades para compartir experiencias divertidas.

  Ejemplos:

  "Mi amigo sabe hacer las mejores imitaciones de nuestro profesor de educación física."

  "Hoy hemos tenido una pelea de agua, y no creo que me vaya a secar en una semana."

  "El perrito persiguió su cola durante unos cinco minutos esta tarde."

CONSEJO DE CONEXIÓN

Escribe al menos 10 notas adhesivas alrededor de la casa recordándole a su ser querido lo especial que es para usted.

- ¿Qué ha sido interesante hoy?

  Estas respuestas resultarán ser increíbles para iniciar una conversación. ¡Qué manera más sencilla de entablar y mantener conexiones reflexivas!

  Ejemplos:

  "Mi profesor de historia me pidió que imaginara ser el primer explorador de América."

  "Me he dado cuenta de que las hojas han empezado a girar y aún estamos en agosto."

  "No puedo entender cómo el pájaro encuentra todos esos gusanos en nuestro césped."

- Dile a tu hijo lo que te gusta de él hoy.

  Esta idea consiste en conectar con él en otra manera más que solo con cumplidos. La razón para afirmar a tu hijo es estabilizar y reforzar continuamente la relación. Es difícil creer que una persona joven se canse de oír cosas buenas sobre sí misma. A veces, su hijo actuará como si estuviera cansado de escuchar cosas de usted, pero sepa que no es así. Queremos que escuchen los ecos de sus palabras amables mientras crecen.

  Ejemplos:

  "No me canso de ver tu sonrisa y tu risa."

  "Pasar el rato contigo me alegra el día."

  "Ves las cosas de una manera que yo nunca he visto. Me encanta eso de ti."

- Describa lo que su hijo ha hecho bien hoy.

  No ofrezca falsos elogios. Céntrese realmente en la individualidad de su hijo. Esto permite que nuestros hijos se conviertan en versiones auténticas de sí mismos y no residan en las sombras de nuestros logros pasados.

  Ejemplos:

  "Cuando fallabas un tiro en el partido, seguías intentándolo hasta que hacías uno." "Eres mucho mejor que yo con los ordenadores y la tecnología."

  "Te levantas antes por la mañana que la mayoría de la gente. Eso requiere dedicación."

CONSEJO DE CONEXIÓN

Pídale a sus hijos que le muestren cómo jugar sus videojuegos.

Fíjese en que las preguntas y los comentarios insisten en que el joven ya tiene esos atributos en su interior. La diversión si existe. La risa si existe. La vida es interesante. Se les quiere. Hacen las cosas bien.

¿Qué es lo más divertido que tienes planeado para los próximos días?

_____

_____

¿De qué te has reído hoy?

_____

_____

¿Qué ha sido interesante hoy?

_____

_____

Dígale a su hijo lo que le gusta de él hoy.

_____

_____

Describa lo que su hijo ha hecho bien hoy.

_____

_____

CONSEJO DE CONEXIÓN

Salga a pasear con sus seres queridos

a un nuevo escenario.

Simplicidad y conexión

Viajé a D.C. para una conferencia a mediados del 2019 y sentí la necesidad de hacer algo memorable. Me sentí impulsado a crear una experiencia significativa que pudiera volver a contarse fácilmente durante muchos años. Decidí levantarme a las 5 de la mañana, ya que mi cuerpo seguía en horario de la costa oeste, y salir a correr por el Mall. Apenas noté la humedad mientras corría los dos kilómetros que me separaban del Lincoln Memorial. Tuve una rápida expresión de gratitud con el Presidente Lincoln, y luego me senté en los escalones y observé la salida del sol. En mi mente, yo era el único ser humano allí. Estaba tranquilo. Feliz. Orgulloso.

Lo que quiero subrayar es que los componentes de la Ideación de vivir ya existen. Mientras estaba sentado a los pies de Lincoln, mi vida era caótica y estaba bastante estresado. Al mismo tiempo, todavía era capaz de permitir que las verdades de la calma, la felicidad y el orgullo entraran en mis pensamientos. El caos y la paz coexistían. La dirección del caos me habría llevado a más problemas y a una actitud negativa. La comprensión de que también había paz y belleza permitió el despliegue de oportunidades ilimitadas.

Quiero que te lo demuestres a ti mismo.

- Busca un asiento durante un par de momentos y piensa en las relaciones y los papeles que tiene. Eres un individuo que forma parte de muchos grupos de otras personas.
- Ahora quiero que se ponga un poco personal. Quiero que se imagine a las personas que quiere. Tal vez sea un hijo o una hija. Un hermano. Un padre o una madre. Un amigo. Un cónyuge. Un amante.
- Quiero que piense en una persona específica, y que quizá le oiga reír. Que lo vea sonreír.
- Elija una persona en su vida, a una persona especial en su vida, y quiero que piense en lo que le diría ahora mismo.
- Fíjese en lo cálidos y sencillos que son esos pensamientos.

CONSEJO DE CONEXIÓN

Escriba un mensaje amable
en el espejo de su ser querido con un marcador
borrable.

Ahora, quiero que añade esa simplicidad y a los pensamientos y opiniones que pueda tener para los distintos papeles de su vida. Sea cual sea ese papel, imaginé cuánta energía y pensamiento pone en las personas que lo rodean. Imagine cómo están todas esas personas. Acuérdese de la risa especial, de su familia, de su empleador, de sus compañeros de equipo y de sus amigos. Quiero que imagine cómo le va ahora mismo. Esta es una simple verdad: les va mejor porque usted está en su mundo. Cuando pone algo de atención y esfuerzo en sus relaciones, ésas relaciones siguen floreciendo. Todos podemos crecer. Este es el concepto básico de este libro. Podemos dirigir muchos de nuestros pensamientos y situaciones con la positividad que ya tenemos en abundancia.

Me gustaría invitarlo a un momento de vulnerabilidad. Recuerde lo que estaba haciendo el 15de marzo de este último año. Imagine su vida y a todos los que eran importantes para usted.

Imagine que uno de sus seres queridos vivos ha muerto por suicidio ese día. Tal vez sea uno de sus hijos. Un compañero. Un hermano. Uno de sus padres. Un amigo que es como un miembro de la familia. Siéntese con ese pensamiento durante un par de momentos.

Ahora que tiene en mente a esa persona, contemple el impacto en usted. Imagínese que, a partir del 15 de marzo, esa persona se ha ido. Imagínese el impacto. Imagínese el tamaño del hueco que ha dejado dentro de usted. Imagínese todo lo que la persona dejó atrás. Imagínese quién no llegaría a conocer a ese ser querido. La pérdida total es indescriptible. Imagínese.

Considere la posibilidad de dedicar 90 segundos a su rutina y escribir una nota o un mensaje rápido a ese ser querido. Al fin y al cabo, todavía está vivo para recibir su mensaje. Quizá sus palabras cambien el curso del día de esa persona. ¿Podrían cambiar su día también?

CONSEJO DE CONEXIÓN

Enséñele a su ser querido

una habilidad que no conoce.

Yo suelo aprovechar esas pequeñas ventanas para escribir una nota de amor a mi esposa o intento sacarles una sonrisa a mis hijos. Incluso desempolvo el bromista que llevo dentro y envío bromas tontas a mi madre en Arizona. He comprobado que cuando dedico sólo unos segundos de mi vida a estar en una relación, los resultados son sorprendentes. Es un simple efecto dominó y es increíblemente poderoso.

La conexión que tenemos con los demás es extraordinaria. Nosotros, los seres humanos, tenemos una especie de superpoder para estar entrelazados con los demás de manera profunda. Amamos, odiamos, anticipamos, creamos, lloramos. La Ideación Vivir se basa en la capacidad despertada de estar conectados con personas, mascotas, entornos, ideas, cualquier cosa y todo. Cuando la mentalidad suicida puede ajustarse a la conectividad entonces el aislamiento y la soledad tienden a evaporarse.

CONSEJO DE CONEXIÓN

Plante un jardín de flores o de vegetales (o los dos) con sus seres queridos.

PLANIFICACIÓN DE LA SEGURIDAD CON IDEACIÓN DE VIVIR

La planificación de la seguridad es una técnica formal que se utiliza cuando se teme por el bienestar de una persona. Tradicionalmente, la creación de un plan de seguridad era tarea de un profesional clínico o escolar. El Plan de Seguridad de Ideación Vivir es apropiado para cualquier adulto que esté en la vida de un joven. El Plan de Seguridad de Living Ideation no es para uso exclusivo en caso de emergencia. Que quede clara esta noción. La planificación de la seguridad con la filosofía de Living Ideation es una forma de entender el estilo de vida y las oportunidades de un joven. El plan de seguridad de Stanley-Brown (2008) quizás es el plan más utilizado en la actualidad, y cubre las variables importantes para ayudar a abogar por una persona suicida. El formato de Stanley-Brown también se mueve en una dirección muy intencional que influyó mucho en el plan de seguridad de Living Ideation.

Un Plan de Seguridad de Ideación de Vivir contendría información que describe las oportunidades para que la persona combata la oscuridad durante los momentos difíciles. La información contenida en el plan puede ofrecer indicaciones útiles en momentos de angustia y crisis. Los detalles fundamentales de un plan de seguridad incluyen aspectos logísticos como los números de teléfono y las direcciones residenciales. El plan también describe personas, lugares y actividades útiles para la comodidad de la persona.

El Plan de Seguridad de Ideación de vivir trata de desarrollar sistemáticamente una comprensión global de los sistemas de apoyo del joven. No es sólo una herramienta de reducción de emergencias; también es una brújula que puede guiar las conversaciones hacia la desescalación. Los planes adecuados documentan los estados de ánimo, las situaciones y los comportamientos actuales. Todos los planes de seguridad deben descubrir cualquier percepción de aislamiento y soledad porque son variables claves para una mentalidad suicida. Asegúrese de preguntar sobre cualquier situación peligrosa y el acceso a medios letales para completar el suicidio. Esto no puede ser exagerado; el punto final de un plan de seguridad es la estabilización del momento.

CONSEJO DE CONEXIÓN

Enséñele a sus hijos cómo
jugar diferentes juegos de cartas.

Para sacar la crisis de la angustia actual y calibrar la estabilidad futura, el Plan de Seguridad de Ideación de vivir necesita documentar información orientada al futuro. Queremos saber lo que la persona siente, piensa y hace actualmente. También queremos que intenten describir lo que sentirían, pensarían y harían en el futuro. Esta indagación reconoce que podemos superar juntos esta crisis actual. El caos pasará cuando trabajemos juntos.

Living Ideation no es un modelo en el que el adulto lleva al joven a donde cree que la persona necesita ir; más bien, es un modelo centrado en el joven que toma el tiempo necesario para permitir una comprensión y transformación más profunda. El Plan de seguridad de Ideación de vivir pretende ser una instantánea de la vida de la persona en ese momento. Si el joven no puede describir ninguno de los elementos del plan, que así sea. Está ahí para documentar la situación actual. Los resultados ofrecerán una impresión que apunte a los objetivos de vida o a las señales de advertencia.

El Plan de Seguridad de Ideación de Vivir evalúa los factores de protección y de fortaleza, al tiempo que mantiene un oído atento a los afectos planos y a los comportamientos de riesgo. El plan de seguridad no trata de reducir las señales de alerta y los comportamientos; este plan entrevista para las relaciones y perspectivas positivas en la vida. El Plan de Seguridad de Ideación de vivir tiene seis áreas de enfoque:

¿Cómo eres tú? Queremos que el joven describa su mentalidad actual y también la que espera tener en el futuro.

¿Qué le ayuda a sentirse mejor? Queremos que describan las actividades que pueden ayudar a reducir y relajar la angustia del momento.

¿Quiénes y qué *son las personas y los lugares útiles?* Queremos saber quién y qué puede ser reconfortante.

CONSEJO DE CONEXIÓN

Haga un concurso para el mejor chiste. Cuanto más cursi, mejor.

¿Quién le ayudará en este momento? Queremos saber a quién contactar en caso de una emergencia.

Crear nuevos momentos. Queremos ganar su acuerdo para crear pequeños movimientos lejos de la angustia actual. Los momentos se convierten en momentos adicionales. ¡Esta es una dirección viva!

Nombre a tres personas/cosas por las que quiere vivir. Queremos entender el sentido que existe fuera del dolor y la angustia.

El Plan de Seguridad de Ideación de vivir es un documento que representa las oportunidades de equilibrio para una persona que tiene problemas para encontrar su camino en la vida. El plan es una recopilación de las oportunidades y conexiones saludables. No espere a utilizar este plan de seguridad sólo cuando se produzca una crisis. Utilice el plan con regularidad. La utilización consistente de la plantilla de Ideación de vivir refuerza los factores de fortaleza de la vida de la persona.

El espíritu de la planificación de la seguridad

Los planes de seguridad se utilizan sistemáticamente para describir la seguridad. La seguridad y la salud son los objetivos, más que la responsabilidad y la reducción de daños. Por favor, mantenga ese espíritu y esa intención en su mente. Hay un solo objetivo básico del plan de seguridad de Living Ideation: Vivir. Entrevistarlos para, y hacia, el sentido y el propósito.

La planificación de la seguridad es una práctica fundamental con los individuos suicidas. El Plan de Seguridad de Ideación de vivir es una ampliación de las plantillas utilizadas tradicionalmente. Combina varias perspectivas de verdad, equilibrio y vitalidad. En última instancia, el Plan de Seguridad de Ideación de vivir proporciona puntos de conversación orientados al futuro para que un cuidador se conecte con su joven. Considere la posibilidad de practicar con usted mismo. Rellene su propio Plan de Seguridad de Ideación de vivir. Probablemente revelará los aspectos que más valore en su vida, así como las rúbricas de la brújula para la salud y el equilibrio.

CONSEJO DE CONEXIÓN

Planifica un viaje imaginario alrededor del mundo

Y que cada persona ofrezca al menos 10

lugares que quieran visitar.

IDIACION DE VIVIR
Plan de seguridad

1. **Mentalidad y perspectiva**

AHORA	EL FUTURO
¿Cómo se siente ser tú?	¿Cómo se siente ser tú?
¿Qué sientes?	¿Qué sientes?
¿En qué piensas?	¿En qué piensas?
¿Qué estás haciendo?	¿Qué estás haciendo

2. **¿Qué le ayuda a sentirse mejor?**
   - ¿Qué es lo que te calma?
   - ¿Qué actividad podrías hacer ahora mismo?
   - ¿Qué podrías hacer por otra persona en este momento?
   - ¿Qué puedes hacer para cambiar este momento?

3. **Personas y lugares útiles**
   - Nombre: _____
   - Nombre: _____
   - Lugar: _____
   - Lugar: _____

4. **¿Quién te ayudará ahora mismo?**
   - Nombre_____ Número de teléfono _____
   - Nombre_____ Número de teléfono _____

5. **Crear momentos nuevos (Documente las respuestas)**
   - ¿Cuál es una pequeña actividad o comodidad a la que tiene acceso?
   - ¿Acepta hacer la pequeña actividad que le da comodidad?
   - ¿Llamará a su ser querido y pasará tiempo con él?
   - ¿Podemos hablar a las 8 a.m. mañana y continuar nuestra conversación?
   - ¿Puedo esperar verte en nuestra próxima cita?

6. **Nombra a tres cosas o personas por las que vale la pena vivir**

Living Ideation ©
Steven W. Nicholas (2019)

CONSEJO DE CONEXIÓN

Haga que cada miembro de la familia toque una de sus canciones favoritas uno por uno.

Hoja de trabajo del plan de seguridad de Living Ideation

PARTE 1: Mentalidad y perspectiva

¿Cómo se siente ser tú ahorita?

_____

¿Cómo se sentiría ser tú en el futuro?

_____

¿Qué sientes ahora?

_____

¿Qué sentirías en el futuro?

_____

¿En qué piensas ahora?

_____

¿En qué pensarías en el futuro?

_____

¿Qué estás haciendo ahora?

_____

¿Qué estarías haciendo en el futuro?

_____

CONSEJO DE CONEXIÓN

Haga un concurso para ver quién puede entregar el mejor cumplido.

PARTE 2: ¿Qué le ayuda a sentirse mejor?

¿Qué es lo que te calma?

_____

¿Qué actividad podrías hacer ahora mismo?

_____

¿Qué podrías hacer por otra persona en este momento?

_____

¿Qué puedes hacer para cambiar este momento?

_____

PARTE 3: Personas y lugares útiles

_____

_____

_____

_____

PARTE 4: ¿Quién te ayudará ahora mismo?

Nombre_____   Número de teléfono_____

Nombre_____   Número de teléfono_____

CONSEJO DE CONEXIÓN

Enséñense el uno a otro cómo hacer diferentes alimentos. Sea creativo.

PARTE 5: Crear momentos nuevos

¿Cuál es una pequeña actividad o comodidad a la que tiene acceso?

_____

_____

¿Acepta hacer la pequeña actividad que le da comodidad?

_____

¿Llamará a su ser querido y pasará tiempo con él?

_____

¿Podemos hablar mañana y continuar nuestra conversación?

_____

PARTE 6: Nombra a tres cosas o personas por las que vale la pena vivir

_____

_____

_____

CONSEJO DE CONEXIÓN

Lee un libro en voz alta. Hagan turnos.
Harry Potter es un buen comienzo.

Manténgase conectado

El simple cambio de la conversación desde las ideaciones suicidas hacia las ideas de vida se volverá natural con la práctica. Se empieza a entender realmente que el dolor existe mientras que el no-dolor existe. Los enfoques tradicionales para trabajar con los jóvenes indagan sobre las ideaciones de suicidio, mientras que nosotros queremos saber sobre las ideaciones de vida coexistentes. Este cambio de paradigma puede mejorar drásticamente el campo actual de la suicidología y nuestros intentos de reducir las tasas de suicidio en todos los grupos de edad.

Cuando entablamos conversaciones con la gente, se pone de manifiesto lo valiosos y queribles que somos todos. Cuando entablamos conversaciones más profundas sobre los intereses y talentos de los demás, reforzamos lo competentes que somos todos en el juego de la vida. Por favor, centrémonos en nuestras fortalezas comunes y unificadas y mucho menos en las diferencias divisorias y las debilidades percibidas. Nuestra conexión es la solución.

Referencias y lecturas sugeridas

Alessi, S., McCarty, R., Paolelli, M., Gonzalez, S., Massingale, F., Cloutier, D. (2020, 19 de junio). ¿Es el suicidio un pecado? Extraído el 28 de agosto de 2020, de http://www.uscatholic.org/articles/201410/suicide-sin-29503

Berg, I. K. (1994). *Servicios basados en la familia: A solution-focused approach*. New York: W.W. Norton.

Berg, I. K., y Dolan, Y. M. (2001). *Cuentos de soluciones: Una colección de historias que inspiran esperanza*. New York: Norton.

Bridge A., Greenhouse, J. B., Ruch, D., Stevens, J., Ackerman, J., Sheftall, A. H., Campo, J. V. (2020). Asociación entre el lanzamiento de 13 Reasons Why de Netflix y las tasas de suicidio en los Estados Unidos: An Interrupted Time Series Analysis. *Journal of the American Academy of Child & Adolescent Psychiatry, 59*(2), 236-243. doi:10.1016/j.jaac.2019.04.020

Broderick, C. B. (1995). *Comprender el proceso familiar: Fundamentos de la teoría de los sistemas familiares*. Newbury Park, California: Sage Publications.

Centros para el Control y la Prevención de Enfermedades, "Suicide Rising Across the US: More Than a Mental Health Concern", 7 de junio de 2018 (https://www.cdc.gov/vitalsigns/suicide/index.html).

Frankl, V. E., y Kushner, H. S. (2006). *Man's search for meaning*. Boston, MA: Beacon Press.

Hoffman, L. (1981). *Fundamentos de la terapia familiar: Un marco conceptual para el cambio de sistemas*. New York: Basic Books.

Hoffman, L. (1990). Construyendo realidades: Un arte de lentes. *Family Process, 29*(1), 1-12. doi:10.1111/j.1545-5300.1990.00001.x

Madanes, C. (1990). *Terapia familiar estratégica*. San Francisco: Jossey-Bass.

May, R. (1969). *Existential psychology*. New York: McGraw-Hill.

May, R. (1985). *Mi búsqueda de la belleza.* San Francisco: Saybrook.

Miller, W. R., y Rollnick, S. (2002). *La entrevista motivacional: Preparando a las personas para el cambio.* Guilford Press.

Minuchin, S. (1974). *Familias y terapia familiar.* Cambridge, MA: Harvard University Press.

Murray, H. A. (2008). *Explorations in personality.* Oxford University Press.

Nicholas, S. W. (2014). *Una exploración fenomenológica del suicidio y la conectividad familiar.* Universidad de Nevada, Reno.

Nichols, M. P., Minuchin, S., y Schwartz, R. C. (2004). *Family therapy: Conceptos y métodos.* Boston: Pearson.

RAND Corporation, "Suicide: Understanding and Prevention", página web, sin fecha (https://www.rand.org/healthcare/key-topics/mental-health/suicide.html).

Rogers, C. R., y Dymond, R. F. (1978). *Psychotherapy and personality change: Estudios de investigación coordinados en el enfoque centrado en el cliente.* Chicago: University of Chicago Press.

Rogers, C. R., Dorfman, E., Hobbs, N., & Gordon, T. (2015). *La terapia centrada en el cliente: Su práctica actual, implicaciones y teoría.* Londres: Robinson.

Schulz M. (2010). *Peanuts 60 años.* Partridge Green: Ravette.

Shazer, S. D. (1987). *Patrones de terapia familiar breve: Un enfoque ecosistémico.* New York: Guilford Press.

Shea C. (2011). *El arte práctico de la evaluación del suicidio: Una guía para profesionales de la salud mental y consejeros de abuso de sustancias.* Nueva York: John Wiley & Sons.

Shneidman S. (1993). *El suicidio como psicoche: Un enfoque clínico del comportamiento autodestructivo.* Northvale, NJ: J. Aronson.

Shneidman, E. S. (1998). *The suicidal mind.* New York: Oxford University Press.

Sinclair. (1960). *Jungle*. New York: New American Library.

Stanley, B., y Brown, G. (2008). Plantilla del Plan de Seguridad del Paciente. Extraído el 28 de agosto de 2020, de https://suicidepreventionlifeline.org/wp-content/uploads/2016/08/Brown_StanleySafetyPlanTemplate.pdf

White, M., y Epston, D. (2015). *Medios narrativos para fines terapéuticos*. Auckland, N.Z.: Real Fundación de Ciegos de Nueva Zelanda.

Yalom, I. D. (1980). *Existential psychotherapy*. New York: Basic Books.

Yalom, I. D. (2009). *Mirando al sol: Superando el terror a la muerte*. San Francisco: Jossey-Bass, un sello de Wiley.